AF240137

CATALOGUE

D'UNE COLLECTION

DE

TABLEAUX

MODERNES,

des Écoles Française et Flamande,

DONT LA VENTE AURA LIEU,

HOTEL DES VENTES MOBILIÈRES,

RUE DES JEUNEURS, 16,

SALLE N° 1,

Le Samedi 27 Mars 1847, à midi,

Par le ministère de M° RIDEL, Commissaire-Priseur, rue Saint-Honoré, 335,

Assisté de M. SCHROTH, Appréciateur, rue Fontaine-Molière, 33

CHEZ LESQUELS SE DISTRIBUE CE CATALOGUE.

EXPOSITION PUBLIQUE

Les jeudi 25 et vendredi 26 mars, de midi à 4 heures.

—•—

PARIS

IMPRIMERIE ET LITHOGRAPHIE DE MAULDE ET RENOU,

Rue Bailleul, 9 et 11, près du Louvre.

1847

CATALOGUE

D'UNE COLLECTION

DE

TABLEAUX

MODERNES,

DES ÉCOLES FRANÇAISE & FLAMANDE,

DONT LA VENTE AURA LIEU

HOTEL DES VENTES MOBILIÈRES,

RUE DES JEUNEURS, 16,

SALLE N. 1,

Le samedi 27 mars 1847, à midi,

Par le ministère de Me RIDEL, Commissaire-Priseur,
rue Saint-Honoré, 335,

Assisté de M. SCHROTH, Appréciateur, rue Fontaine-Molière, 33,
Chez lesquels se distribue le présent Catalogue.

EXPOSITION PUBLIQUE

Les jeudi 25 et Vendredi 26 mars, de midi à 4 heures.

PARIS.

IMPRIMERIE ET LITHOGRAPHIE DE MAULDE ET RENOU,
Rue Bailleul, 9 et 11, près du Louvre.

1847

AVERTISSEMENT.

Parmi les tableaux que nous offrons à la curiosité de MM. les amateurs, il en est un assez bon nombre de l'école flamande moderne de la plus belle qualité, même de ceux qu'ont produit les artistes qui en sont les auteurs; aussi espérons-nous que MM. les amateurs accueilleront avec empressement l'occasion de venir voir notre belle collection, et de se rendre possesseurs de tous ceux qu'ils pourront acquérir. Les noms des Schelfhout, Van Schendel, Braeklaer, Verboeckhoven, Van Hamme et autres, dont l'originalité des tableaux est garantie, nous sont un sûr garant que nous n'aurons pas fait un vain appel à leur curiosité.

Un tableau de M, Fleury (Robert), saint François de Sales distribuant des aumônes, méritera aussi de fixer leur attention par la beauté de sa composition et sa belle exécution.

CONDITIONS DE LA VENTE.

Les acquéreurs paieront en sus des adjudications 5 pour cent applicables aux frais.

DÉSIGNATION
DES TABLEAUX.

M. APPERT.

1 — Baigneuses aux environs de Venise. Deux jeunes filles, l'une assise et l'autre debout, se déshabillent et parlent à une autre jeune fille assise dans une barque; au second plan le mur d'un palais et des arbres par derrière. Ce tableau, d'une belle couleur, est brillant d'effet, et la lumière du soleil est parfaitement rendue.

M. BELLANGÉ (Hypolite).

2 — Soldats de l'armée d'Afrique en tirailleurs.

M. BAQUER.

3 — Les deux sœurs. Deux jeunes filles, assises et groupées ensemble, regardent le spectateur, l'une d'elles tient une rose à la main, tandis que l'autre semble dire de prendre garde d'y toucher. Tableau d'une exécution serrée et fait à la façon de Dyckmans.

M. BERLOT.

4 — Intérieur de galerie gothique.

M. BERGERET.

5 — Les derniers moments de Raphaël. Il est assis
sur son lit, soutenu par un de ses élèves,
et tend le bras à son médecin, dont la
figure annonce un mauvais pressentiment ;
près de lui un autre élève le regarde avec
inquiétude. Tableau bien composé et bien
entendu d'effet.

M. BRAEKELAER (Ferd.).

6 — La dispute à la suite d'une partie de cartes ;
un des joueurs s'est levé furieux, et a pris
par les cheveux et renversé sur la table
son adversaire qu'il s'apprête à frapper du
poing. Ce petit tableau, d'un artiste dont
le mérite et la réputation sont si justement
établis et mérités en Belgique, est d'une
jolie couleur ; il est bien composé et bien
entendu de lumière et d'effet.

7 — La marchande de gaufres. Un jeune garçon
emportant des gaufres sur un plat d'étain
est arrêté par une jeune fille qui le prend par
les cheveux et l'a fait tomber à genoux sur
un escabeau ; la crainte qu'elle ne lui prenne
ses gaufres le fait crier, sans qu'il ose se dé-
fendre ; dans le fond la marchande rit de
cette scène. Tableau plein d'harmonie.

CHARLET.

8 — Les politiques de village. Du temps que l'un d'eux lit le journal devant une table sur laquelle est un pot de faïence et trois verres, un soldat de la vieille garde fume en écoutant, ainsi qu'un paysan qui est assis au premier plan et qui bourre en même temps sa pipe. Petit tableau bien composé et bien exécuté.

9 — Un mendiant. Il est debout, un bâton à la main et tendant son chapeau, pour recevoir une aumône. Vrai de couleur et bien éclairé.

M. CARTIER.

10 — Vue de la vallée d'Auge ; sur le devant des bestiaux au repos. Tableau bien composé et d'une jolie couleur.

M. COULON (Louis).

11 — Jeune mère présidant à la toilette de sa fille. Ce tableau, sagement composé, est bien peint et l'aspect en est des plus gracieux.

Mlle DECAIGNY (Julie).

12 — Fleurs et fruits groupés sur une table à marbre.

M. DECAMPS.

13 — Rivage de mer et falaise en Normandie.

6

M. DIAZ.

14 — Sujet tiré du moine. Tableau d'un effet puis-
saut et vigoureux.

M. DEDREUX-DORCY.

15 — Tête de jeune fille, d'une belle et gracieuse
exécution.

M. DORDACKI

16 — Le rendez-vous. Une jeune fille, assise sur
un tertre, la main appuyée sur une gui-
tare, écoute avec attention les accents de
l'amant qu'elle attend, que l'on aperçoit
au second plan en partie caché par un
taillis. Tableau d'un pinceau large.

M. DILLENS.

17 -— Intérieur de cuisine flamande. Une femme,
assise près d'une fenêtre en face d'un mili-
taire, écoute et regarde avec attention un
soldat qui lui raconte une prouesse ou un
fait d'armes. Tableau bien composé, d'une
agréable exécution et bien entendu de
lumière et d'effet.

18 — Intérieur de corps-de-garde. Plusieurs soldats, assis près d'une table, regardent avec
attention une jeune servante à laquelle l'un
d'eux parle. Ce tableau est, ainsi que le
précédent, bien composé et d'un pinceau
gracieux.

M. DUBOIS (Théodore).

19 — Pâturage et bestiaux. Tableau d'un joli ton.

M. FÉCETTE.

20 — La bénédiction au départ des petits Savoyards. Petit tableau plein de sentiment.

M. FLEURY (Robert).

21 — Saint François de Sales distribuant du pain aux malheureux paysans. Ce tableau, qui est composé d'un grand nombre de figures est bien peint ; les caractères de tête des personnages sont bien rendus et la couleur en est énergique. Ce tableau, quoique d'un caractère moins sévère que ceux que fait l'auteur dans ce moment, n'en est pas moins remarquable par sa belle ordonnance et sa belle exécution

M. FRANCESCO.

22 — Vue de la mer aux environs de Naples. Tableau, effet de soleil couchant d'une grande vérité.

M. GIROUX (Achille).

23 — Jockeis promenant des chevaux.

24 — L'entrée en chasse. Ces deux tableaux sont finement exécutés.

M. GUIGNET (Adolphe).

25 — Chasseurs poursuivant un ours qu'ils ont
déjà blessé, et qui vient à leur rencontre.
Tableau puissant d'effet et d'exécution.

26 — Soldat assis dans une grotte. Petit tableau
énergiquement peint.

M. GUILLEMIN.

27 — Les petits voleurs de pommes. Ils s'enfuient
à l'approche du fermier qui les poursuit.
Tableau, joli de couleur et de caractère,
très finement et spirituellement exécuté.

M. GALBREN.

28 — Jeune femme assise au soleil près d'une
statue, son parasol ouvert pour se garan-
tir de l'ardeur du soleil. Tableau bien
entendu d'effet.

M. GARNEREY (Hypolite).

29 — Marine et côte avec embarcations sous
voiles.

M. HAMMAN.

30 — Les Puritains. Ils sont assis devant une table
et discutent un article de foi.

M. JONES.

31 — Intérieur d'écurie avec vache, mouton et
chèvre ; sur le devant deux poules.

M. JOSANT.

32 — Paysage et vieille tour; sur le devant une rivière serpentant dans la plaine.

33 — Autre paysage; à gauche, sur une route, un voyageur à cheval, et à droite, sur un chemin, des bestiaux peints par M. Cartier.

J. KOBELL (Genre de).

34 — Paysage coupé par un canal près duquel sont des vaches se détachant en lumière sur un massif de verdure, bien entendu d'effet.

M. KLEIN.

35 — Marine par un temps calme, avec plusieurs embarcations.

M. LHUILLIER.

36 — Paysage. Effet de soleil couchant; sur le devant, une femme portant un enfant sur son dos et en tenant un autre par la main.

M. LESAINT.

37 — Intérieur de cloître gothique.

M. LOYER.

38 — Femmes et enfants de Rome à la fontaine; au second plan, un moine quêteur monté sur un âne, et sur le devant, à droite, un paysan romain debout appuyé sur une borne et fumant. Tableau d'une bonne couleur et bien entendu d'effet.

M. LAINÉ.

39 — Marine. Effet de clair de lune; sur le devant
un vaisseau, dont les mats sont en partie
brisés et prêt à sombrer.

M. LAGRENÉE.

40 — Malle-poste russe suprise par la marée montante qui brise la glace presque sous les
pieds des chevaux, qui ainsi que les voya-
geurs sont saisis d'effroi.

M. NEYT d'Anvers.

41 — Vue de l'intérieur de la cathédrale d'Anvers,
sur le devant et dans les stales de moines.
Ce tableau, d'un effet piquant et bien entendu, est d'une belle couleur et d'une
exécution large et serrée.

M. NOUSVEAUX.

42 — Paysage. Effet de soleil couchant.

OMÉGANCK (Genre d').

43 — Moutons au repos.
44 — Vache dans une prairie.

M. PICOT.

45 — Une chasseresse assise dans une grotte, ratta-
chant sa chaussure; près d'elle un chien
lévrier. Petit tableau d'une bonne couleur.

POTERLET.

46 — Le jeune débauché en partie de plaisirs avec des jeunes filles qui s'amusent à le griser. Tableau d'une jolie couleur et d'une grande harmonie.

M. RICQUIER.

47 — Laveuse au bord de la mer, dans le fond le Vésuve. Tableau finement exécuté.

M. ROHEN.

48 — Jeune femme faisant faire l'exercice à son chien.

M. RICOIS.

49 — Paysage avec mare d'eau sur le devant, tout près des enfants font brûler des brous-sailles.

M. SPOLER.

50 — Paysage, site de Hollande, effet d'hiver, avec patineurs sur la glace.

M. SCHNETZ.

51 — Jeune femme romaine la tête appuyée sur la main. Tableau d'une bonne couleur.

M. SIGNOL.

52 — La Samaritaine. Ce tableau, d'un beau et grand caractère est simple et naïf de com-position, ainsi que le demandait la scène que l'artiste a su rendre si admirablement; la couleur en est belle et sévère.

M. SCHELFHOUT.

53 — Vue de la plage de Scheweuing. Sur le devant une barque de pêcheurs et bon nombre de personnages sur la grève; au second
plan des embarcations, et dans le fond la
mer. Ce tableau est d'une exécution fine
et soignée, la couleur en est agréable et
d'une grande vérité.

54 — Vue de Hollande, effet d'hiver. Tous les ca-
naux sont glacés; sur le devant une femme
pousse un traîneau dans lequel est un enfant, à côté d'elle un autre enfant, et dans
le fond des patineurs. Ce tableau, effet de
soleil couchant, est brillant de lumière et
d'une grande harmonie.

M. TOLLAC.

55 — Jeune femme romaine sur sa porte, se garan-
tissant de l'ardeur du soleil avec la main.

M. ULRIC.

56 — Une marée montante.

M. VAN SKAENDEL.

57 — La marchande de légumes; elle est assise
dans une rue près d'une brouette remplie
de légumes, près d'elle une servante lui
marchande des navets, et à côté une femme,
un panier au bras et un sur la tête, regarde
le marché. Cette scène, effet de clair de

lune, est éclairée par une chandelle allumée, qui donne à la fois une lumière vive et douteuse et une grande harmonie.

58 — Vue d'un marché, effet de nuit. Sur le devant un marchand portant un éventaire devant lui, sur lequel est une chandelle allumée qui éclaire les spectateurs qui l'entourent, leur propose sa marchandise; plus loin, à droite, un marchand de fromage, et à gauche, dans le fond, plusieurs autres marchands dont les lumières donnent de la clarté à ce tableau, qui est composé d'un grand nombre de figures, toutes peintes avec un soin extrême et une entente d'effet parfait. Tableau capital et très bien exécuté.

M. VAN HAMME.

59 — Un marché hollandais. Près de la porte d'une maison, une marchande de volailles, assise près de son étalage, offre sa marchandise à une dame qui tient une petite fille par la main; à gauche, un homme vient de mettre un canard dans le sceau d'une servante, et lui fait remarquer comme il est beau; dans le fond un marché. Ce tableau, de l'aspect le plus agréable, est bien composé, les figures en sont d'un joli caractère, la couleur en est bonne et la lumière y est des mieux distribuée.

VERBOECKHOVEN (Eugène).

60 — Un âne près d'un mur et deux coqs. Petit tableau finement exécuté.

61 — Le coup de vent. Dans un chemin, entre deux collines, un troupeau composé d'animaux de diverses natures, est conduit par un paysan près duquel est un âne qui rue. Ce tableau très capital, qui est des plus fins, soit comme exécution, soit comme couleur, est d'une grande richesse de détails par le nombre et la variété d'espèce d'animaux que l'artiste y a introduits, et qu'il a traités d'une façon très remarquable.

62 — Brebis et agneaux au repos. Petit tableau d'une très jolie exécution.

63 — Vaches au repos, l'une est couchée et l'autre est debout, près d'un ruisseau.

M. VERT.

64 — Paysage couvert de neige. Tableau d'un effet vrai.

M. WILLEMS.

65 — Jeune page tenant un levrier par son collier. Tableau fin et lumineux.

M. WERTER.

66 — Le billet de logement. Une jeune et jolie servante revenant du marché frappe à la porte

d'une maison pour introduire un soldat porteur d'un billet de logement. Tableau bien composé et d'une exécution fine et gracieuse.

M. WASSELIN.

67 — Paysage. Vue aux environs de Rouen; à gauche, la rivière avec pêcheurs pliant leurs filets.

PAR DIVERS.

68 — Combat entre des Arabes.

69 — Jeune femme assise devant une table, sur laquelle est posé un grand livre ouvert qu'elle feuillète.

70 — Vaches et moutons au repos.

71 — Tous les artistes qui auraient été omis au présent catalogue, seront vendus sous ce numéro.

IMPRIMERIE MAULDE ET RENOU,
Rue Bailleul, 9 et 11.